bu defa prenses kendini kurtarıyor

Pegasus Yayınları: 2146

bu defa prenses kendini kurtarıyor
Amanda Lovelace
Özgün Adı: the princess saves herself in this one

Yayın Koordinatörü: Yusuf Tan
Editör: Gizem Aldoğan
Düzelti: Zeynep Şehiraltı
Sayfa Tasarımı: Meral Gök

Baskı-Cilt: Alioğlu Matbaacılık
Sertifika No: 11946
Orta Mah. Fatin Rüştü Sok. No: 1/3-A
Bayrampaşa/İstanbul
Tel: 0212 612 95 59

1. Baskı: İstanbul, Eylül 2019
ISBN: 978-605-299-740-6

Yayıncı Sertifika No: 12177

Pegasus Yayıncılık Tic. San. Ltd. Şti.
Gümüşsuyu Mah. Osmanlı Sk. Alara Han
No: 11/9 Taksim / İSTANBUL
Tel: 0212 244 23 50 (pbx) Faks: 0212 244 23 46
www.pegasusyayinlari.com / info@pegasusyayinlari.com

pegasusyayinlari pegasusyayinevi pegasusyayinlari Pegasus Yayınları

amanda lovelace

bu defa prenses kendini kurtarıyor

İngilizceden çeviren:
Meral Ünalan

PEGASUS YAYINLARI

hayatta kalan o çocuk için.
bana sağ salim yaşamına devam eden kız
olma ilhamı verdiğin için
sana teşekkür ederim.
sen eline bir şimşek
almış olabilirsin
fakat benim vücuduma
yıldırımlar düşüyor.

içindekiler

I. prenses..15
II. genç kız..51
III. kraliçe..111
IV. sen..166

I. uyarı:

bu
bir peri masalı değil.

hiç prenses
yok.

hiç genç kız
yok.

hiç kraliçe
yok.

hiç kule
yok.

ejderhalar
yok.

bir kız var
sadece.

ve bu kız
kendine inanmayı öğrenmek

gibi
zorlu bir görevle

yüz yüze.

II. uyarı:

mutlu son,
ileride.

işte burada yatıyor;
ham
ve cilasız
çoğu zaman
tutarsız
parçaları
ruhumun.

ah, hayat…
bizler
başka âlemlere
dalıp
şeytan tüyü çiçeklerini
üfleyerek
en sevdiğimiz
peri masalı
kitaplarının
sayfalarında olmayı
dilerken
başımızdan gelip
geçen şey.

Evvel zaman içinde…

I. prenses

~~prenses~~ ben biraz
kitap kurdu olarak doğmuşum.

~~kuledeki odamın~~ yatak odamın
kilitli kapısı ardında

içeride tek başıma oturup
kitaplarımın sırtını okşardım genellikle.

bu sırada beklerdim ki kitaplarım da
yumuşacık yeşil halımın üstünde

önüme döksün en nadide kelimelerini.
böylece onları

teker teker toplayabilirdim
lezzetine vara vara yutacağım dutlar gibi.

– iflah olmaz bir kelime koleksiyoncusu.

etrafımda
hiç arkadaşımın
olmadığı zamanlarda
sevgili kitaplarıma dalardım
ve
kendime
12 punto times new roman fontla
bazı arkadaşlar
yontardım.

– ve bu çoğu zaman yeterliydi.

bu küçük kız
sizi dinlemiyor

çünkü

sihirli tesadüfler
ve uçan zarflarla

cırtlak baykuşlar
ve dünya tatlısı devlerle

sadece süpürmekten
daha fazlasını yapan süpürgelerle

daima sadık ve vefakâr arkadaşlarla
ve kendisini

buralardan çok çok çok uzaklardaki
büyülü yerlere götürecek trenlerle dolu

bir dünyanın hayalini kurarak
pencereden dışarıya bakarken

fevkalade
meşgul.

– ömür boyu sürecek bir büyüyle bağlanmış sanki.

açık avucundaki
şekerleri
bana
uzatırken
gülümsedi
~~kraliçe~~
annem.

iştahla
kabul ettim.

ağzıma götürdüm elimi,
şekerin
bir tanesini
–sadece bir tanesini–
özenle yerleştirdim
dilimin ortasına
ve
kapattım ağzımı.

tuz.

suistimal tam da bu işte:
eline tuz geçeceğini bile bile
on dokuz yıl boyunca,
şeker alacağını ümit edersin
yine de.

– sen gitmiş olabilirsin ama benim kalbim hâlâ sancıyor.

bir gece
~~prenses~~,
~~ben~~,
~~prenses~~,
~~ben~~,
~~prenses~~,
~~ben~~,

prenses,
şatosunun

ileri geri
ileri geri
ileri geri

ileri geri
ileri geri
ileri geri

ileri geri
ileri geri
ileri geri

sallanmasına uyandı;
ilk başta
zannetti ki
bir kasırga kopuyor
lakin
fena halde yanılıyordu.

onları
kilit altında
tuttuğumuz
halde hâlâ
bize
biçim
vermeye
d e v a m
eden t ü m
a n ı l a r
n e r e y e
g i d e r ?

– artık hatırlayamadığım şeyler yine de yaşanmış gerçeklik sayılıyor mu?

on bir yaşındayken ben
doktor kilomu ölçtü
sonrasında annem bana,
çok şişman olduğumu
ve derhâl
perhize başlamam gerektiğini
söyledi.
tam bir yıl boyunca
dudaklarımın arasından
neredeyse tek bir lokma geçmedi.
kendime,
bir yudum su içmek için dahi
izin vermedim
çünkü en hafif rüzgârda bile
havaya uçacak
–ve ortadan kaybolacak–
kadar zayıf olmak istiyordum.
kısacık birkaç ay içinde
otuz kilo verdim
ve
bu eşsiz arınmamın
üstünü örtmek için
uzun kollu kıyafetler giyindim.

– ama herkes bana ne kadar hoş göründüğümü söylüyordu.

bazı anneler vardır:
asla ve asla
–asla ama asla–

sobaya dokunmamanız için
sizi
ikaz eder.

fakat bazı anneler de vardır ki
sizi dosdoğru

sobaya sürükler
ve siz
debelene debelene çığlıklar atarken

onlar
alevlerin parmak uçlarınızı yalamasını
gülerek seyreder.

– size dünyayı alevlerin içinden görmeyi
öğretirlerken hiçbir şey tehlikeden uzak görünmez.

"_______________dan arkadaşlık isteği."

a) size, çirkin olduğunuzu söyleyen kız.
b) sesinizin ayarsız olduğunu söyleyen kız.
c) size arka çıkmayı reddeden kız.
d) hem yüzünüze karşı hem de arkanızdan sizinle alay eden kız.
e) yemeğe ihtiyacınız olmadığını söyleyerek her gün yemek harçlığınıza el koyan kız.
f) açlıktan ölecek kadar boğazınızdan kestiğiniz halde size, "şişman" olduğunuzu söyleyen kız.
g) en iyi arkadaşınız sandığınız kız.
h) yukarıdaki bütün kızlar.

– kulak asmamaya devam et tatlım.

şişman
\şişman\
sıfat

1: betimleyici bir kelime sadece.
daha derin bir anlamı yok.
bir insanın değerini
–veya değersizliğini–
bu kelime belirlememeli.

– keşke o zaman da biliyor olsaydım şimdi bildiklerimi.

taşlar ya da sopalar,
asla kıramaz
                    kemiklerimi.
fakat kelimeler
öylesine kırdı ki beni
                    tek tek sayılsa da kemiklerimin hepsi
ve
ölecek olsam bile,
açlığa mahkûm ettim kendimi.

– bir deri bir kemik.

kız kardeşim ve ben
tavanımıza yapıştırdığımız
karanlıkta parlayan
fosforlu ve
plastik yıldızlara
bakıp
dilek tutarak
geçirirdik
gecelerimizi.

– *neticede hayat devam etti.*

bizimki
kadar soğuk
bir evde annemi
sıcak tutmaya yetecek
k a d a r
a l k o l
dünyada
yoktu.

–fakat denemekten hiç vazgeçmedin değil mi?

asla
sevmemelisin
                başka bir şeyi
kendi çocuklarını
sevdiğinden
daha fazla.

asla
sevmemelisin
                başka birini
kendi çocuklarını
sevdiğinden
daha fazla.

– *nasıl yapabildin bunu?*

şimdi
hatırlıyorum da

elimdeki balonu
zorla alıp

izin
verirken
u ç u p   g i t m e s i n e

emin olurdu
daima

benim bunu
seyrettiğimden.

~~altı~~ beş
kız
vardı
bir zamanlar;
kendilerine
ait
her şeyi
paylaşırlardı:
kanlarını
ve
sırlarını
ve
âşıklarını
ve
hatta
bir hatıra defterini.
fakat
kendi sonuyla
buluşmadan
önce
bir kızın
ne kadar
kan kaybedebileceği
belliydi.

– *california'da görüşürüz.*

nasıl olur da
fazla genç
sayılabilir
âşık olmak için
bir insan,
değil mi ki
dokunmuşuz
okyanus dalgalarından
ve
yıldız tozundan?

– *gençlik aşkı*

bir sabah
uyandığımda

sihirbaz çocuk desenli
en sevdiğim çarşafım

yapış yapış
kan içindeydi.

el açıp yalvarmıştım
bu anın asla gelmemesi için.

ve aniden,
sanki

vücudum artık
benim değil

benim dışımdaki
herkesindi.

– o zamandan beri pek fazla bir şey değişmedi.

ilk öpüşmem:

zorla tutulup
yere mıhlanmışım,
bir ağız
hayır hayır hayır
diye tekrarlayıp
duruyor.

sonra:

bereler, çürükler,
ve kanın o tanıdık
ve belirgin
tadı.

– asla affetmeyeceğim seni.

benim
her bir
kâbusumda
başrol
oynadın sen
başından
beri.

– çekip gittin ama hep burada kaldın.

üzgünüm,
eğer
senin
hayal ettiğin gibi
bir kız evlat
olamadıysam.

– *oysa daima senin göğsünü kabartmak istedim.*

I.
bıçağın
acı ısırığı
altında
biriken
kırmızı
görüntü.

II.
bir zamanlar
çok dar gelen
kot pantolon
artık
üstüme
bol geliyor.

– bir kız için hiç beklenmedik iki rahatlama.

ne kadar garip ki

k
ı
z
k
a
r
d
e
ş
l
e
r
bazen
c
a
n
k
u
r
t
a
r
a
n
bazen
y
a
b
a
n
c
ı
ve
bazen
her ikisinden de biraz olabiliyor.

– *kız kardeşler.*

bazı
sırlar vardı

kırılgan yanlarımdan
küçük parçalar
koparmak için
hazır bekleyen.

fakat bir bütün
halinde kalmaya
mecbur hissettim kendimi.

– *çok şeyden habersizdim.*

– suskunluk benim kulakları çınlatan çığlığım olmuştur, daima.

prenses,

1. dizlerindeki yara kabuklarını.
2. göklere değen salıncakları.
3. raflarındaki kitapları.
4. gömleğinden sarkan dikiş iplerini.
5. kelimelerindeki harfleri.
6. tavandaki tahtaları.
7. geçip giden saniyeleri.
8. yapmadığı ev ödevlerini.
9. yatağa kıvrılana kadar geçen saatleri.
10. tartıdaki kiloları.
11. lokmasını kaç kere çiğnediğini.
12. adımlarının hafif yankısını.
13. vücudundaki dikiş izlerini.
14. yüzüne düşen saç tutamlarını.
15. sönük yıldızları.

sayıyor.

ve sonra baştan başlıyor.
ve sonra baştan başlıyor.
ve sonra baştan başlıyor.
ve sonra baştan başlıyor.
ve sonra baştan başlıyor.

kanatlarından
birini
kırdığınızda
                    u ç u p g i t m e k,
kuşlar
için
imkânsızdır.

benim
kanatlarımdan
birini
kırmak
sana
kâfi
gelmedi.

iki
kanadımı
birden
kökünden
kopardın ki
bir daha
                    a s l a
bir yerlere
                    u ç a m a y a y ı m.

– *anne ve kızı.*

kendi
kanatlarıma
sahip
olamadığımdan
ben de
altın
tozuna
batırılmış
çakma
kanatlar
taktım.

– perilere öykünen birinin sözleri.

öyle
bir zaman
geldi ki
şiir
bana
kan
akıtmadan
kanamayı
öğretti.

– [şiir] benim en sadık yarim.

arızalı olduğumu
zannederdim bir zamanlar.

çünkü
bir kez dahi

harcamadım
düşlerimi,

başka birinin
ağacından

olgun narlar
koparmaya.

– sonra öğrendim ki arıza bende değil toplumda.

hem başımı sokacak yerim
hem de cehennemim
olan evin
alev alev yanışını
seyretmek
buruk bir sevinçti.

lakin
çoğu kısmı

saf
sevinçti.

– bir itiraf.

bir binanın
konut olması
onu
kendiliğinden
yuva yapmıyorsa
o zaman
bir vücut da
kendiliğinden
yuvan olmaz.

– derimin altında, kendimi daima bir yabancı gibi hissettim.

kız
en sevdiği
kitaplardan

sayfalar
yırtmaya
başlıyor.

ne yersen o olursun deyiminin
doğru çıkması için
dua ede ede

ve
boyanan parmaklarındaki
mürekkebi yalaya yalaya,

delice bir telaş içinde
kelime tutamlarını
ağzına tıkıştırıyor.

– ne olurdu sanki kâğıttan bir hayatı olan bir "kâğıt kız" olunuverse?

belki derimde
–pek fazla–
yara bere bırakmamış
olabilirsin
ama ruhumun her yerinde
böğürtlen renginde
devasa çürükler
bıraktın.

– nasıl biri olurdum hâlâ merak ederim.

prenses
kulenin en tepesindeki odaya
kendini kilitledi
ve
zırhı pırıl pırıl parlayan
bir şövalyenin
gelip onu kurtarmasını bekledi.

– kendi kendimin şövalyesi olabileceğimin farkında değildim.

II. genç kız

genç kız
ejderhaların onu kaptıkları gibi
bu dünyanın çirkinliğinden
uzağa götürmelerine
izin verdi.
farkında değildi
lakin
sadece
bir kuleden
öbürüne geçmişti.

– [ejderhalar] bütün hepsi içinde en aşağılık yalancılar.

yatağımın altına
saklanan

canavarlardan
korkmam.

kumral saçları dağınık,
mahmur bakışlı

ve
ağızlarından sadece

gerçeğin yarısını
çıkarmayı bilen

delikanlılardan ise
çok ama çok korkarım.

– [delikanlılar] benim ejderhalarım.

o şarkıyı
benim için
              –sadece benim için,
              "biricik sevgilin" için–
yazdığını
söylediğin
zamanı
hatırlıyor musun?

eh

ben
her türlü bahse varım ki
hatırlamıyorsundur:
bana o şarkıyı
daha önce göstermiştin
ve demiştin ki:
"bu şarkı,
o kadın için..."

– sen bana değil "âşık olma" fikrine âşıktın.

yağmur altında
fısıldanan vaatler
suyla
s
ü
r
ü
k
l
e
n
e
c
e
k.

– dosdoğru kahrolası kanalizasyon deliğine düşecek.

ben
o delikanlının
inkâr etmek zorunda olduğu
bir şeydim.
onun korkunç yalanı içindeki
güzellikle dolu
yegâne gerçektim.

– kim bilebilirdi, böylesine gencecik bir kalbin
paramparça olabileceğini?

yeşil
gözlü
ejderham
çekip
gittiğinde

elimde bir
bıçakla
güzelim
upuzun
saçlarımı
kökünden
kestim.
böylece
bende
sevdiği
tek şeyi
ondan
geri
aldım.

– *başlamadan bitti.*

"seni
tek
bir
lokmada
yiyebilirim."

– kötü kalpli kocaman kurdun doymak bilmez ağzından çıkan sözler.

seviyor
sevmiyor

onu seviyor
onu sevmiyor

seviyor
sevmiyor

onu seviyor
onu sevmiyor

seviyor
sevmiyor

onu seviyor
onu sevmiyor

seviyor
sevmiyor

onu seviyor
onu sevmiyor

seviyor
sevmiyor

– *o kız.*

parmak
uçlarını
nereme
sürse
oram
kanıyor.

– bıçağım ve dikenler.

bir süre
bana öyle geldi ki
yıldızların ışığı
yağıyordu
üzerimize

halbuki
fark etmemişim

aslında bizmişiz
kayan yıldızlar.

– yıldızlar asla bizden yana olmadı.

o ateştendi
bense buzdan.

haddinden fazla yaklaştım,
onun alevlerine.

korlarıyla
eritti beni,

yerde küçük bir su birikintisine
çevirdi.

zaman içinde
tekrar katılaştım

ama hiçbir zaman
aynı buz olamadım.

sulu ve gevrek bir taklidine dönüştüm sadece,
bir zamanlarki halimin.

– *ateş korkumu seninle nasıl yendim?*

"senden nefret ediyorum."

–onun, "seni seviyorum," deme tarzı.

en
sonunda
gitme
vakti
geldiğinde
bütün
şiirlerimi
bir
bavula
doldurdu
ve
yanında
götürdü.

– *önce kalbimi, sonra kelimelerimi.*

söz vermişti
parçalarımı
birleştireceğine
ama
eskiden olduğumdan
daha
p a r a m p a r ç a
haldeydim,
o gittiğinde.

*– fakat şimdi çatlakların arasında altın var.**

* Şair, Rani St. Pucchi'nin, *Gold in the Cracks* adlı kitabına gönderme yapıyor. (ç. n.)

şuna
inanmak
zorundayım;
onun adını
duyduğum her seferde
acıyla
                    irkilmeyeceğim,
o gün de
gelecek.

– bazı isimler daima lanetli kalacak.

içimde
birilerine verebileceğim
tonla aşk var
ama
kimse
aşkımı istemiyor.

– taşacak kadar dolu bir bardak.

aşk
bir muharebe meydanıysa
eğer
ben
bütün
zırhlarımı
ve
silahlarımı
evde
unutmuş
olmalıyım.

– *asla dövüşmek niyetinde olmadığım bir savaş.*

bütün
rüyalarımda
kendimi
halının
üstüne
dökülmüş
dişlerimi
toplarken
buluyordum.

– *rüya tabirleri buna ne buyurur?*

annem
o nazik doktora,
gözlerinin
önüne
yıldızların
yağdığını
söyledi,
ölesiye
güzellerdi.
tıpkı
erken
başlamış bir
dört temmuz*
kutlaması
gibi.

doktor
teşhisini söylemeden önce
tereddüt etti.

"onlar yıldız değil

kansersiniz siz."

– kırk yıllık sigara tiryakisi.

* ABD'nin Bağımsızlık Günü bayramı (ç. n.)

her zamanki gibi
gecenin
geç bir saatinde
kahvelerimizi
içiyorduk ki annem
bana döndü
ve o pürüzlü sesinde
en ufak
bir titreme
olmadan,
ölmeden
önceki
son dileğini
söyledi.
küllerinin
okyanusa
saçılmasını
istiyordu,
böylece
nihayet
yuvasına
geri
dönebilirdi.

– gerçeklerden kaçan bir denizkızı.

annen
senin adını
unutmaya başladığında
sahiden var olup olmadığını
merak etmeye
başlıyorsun
sen de.

– dördüncü evre.

anne babanızın
k ı r ı l m a z
olduğunu
zannedersiniz
ta ki öyle
o l m a d ı k l a r ı n ı
anladığınız
güne kadar.

– bu da masumiyetinizi kaybettiğiniz anlamına gelir.

herkesin bana
ne kadar güçlü
olduğumu
söylemesinden
usandım.

güçlü mü?
ben mi?

ben sadece
güçlüymüş gibi
davranıyorum
çünkü bu
düşünmemi
önlüyor,
mecburen annesiz
geçecek hayatımı.

– *çelik kılığına girmiş bir kuş tüyü.*

herkes bana
teselli
için
rüyalarıma
tutunmamı
söylüyor

fakat rüyalarınız sürekli
tekrar tekrar tekrar
edip duran
kâbuslar ise
ne olacak?

– *uyandırın lütfen beni.*

annem olmadan
ben
kim
olacağım?

annem olmadan
ben
nasıl
dayanacağım?

kaderin cilvesi denen şey
sağlıklı
zeki
ve
baş döndürecek kadar güzel
ablanızın
ölüm
döşeğindeki
annenizden
bir aydan daha kısa
bir zaman önce
ölmesidir.

– senin de onun kadar hasta olduğunu kimse fark etmedi.

annen
ölümü
davet etmeden
hemen önce

burnuma
senin
vanilyalı parfümünün
tatlı kokusu
gelmiş

ve
ağzımın
içine
toprak tadı
dolmuştu.

– ölüm de duyulardan biridir.

çocuklar
annelerinden
önce ölmemeli
benim de
en büyük ablamdan
daha yaşlı olacak kadar uzun yaşamam
anlamsız.
bizim yazgımız
dört kız kardeş olmaktı,
üç değil.
ve sen de,
annemin
başucunda duran
bir kutu kül olmak için
doğmadın.
aslında
sen daima
en çok ışık saçanımızdın.

– kader kahrolası bir yalan.

en berbat tarafı ise
bunun
bir
i n t i h a r
olup
olmadığını
asla
bilememekti.

– gerçeği bilmek içimi rahatlatacak.

bir
keresinde
beni
koruyacağına
dair
bir
söz
vermişti.

halbuki
onca
zaman
boyunca

asıl
biz
onu
kendisinden
korumalıymışız.

– *lütfen geri gel.*

ablam benim,
şu anda
her neredeysen
dilerim orada
bir kumsal vardır.

– denizyıldızları bana daima seni hatırlatacak.

deniz kabuğunu
kulağıma
tutuyorum,

okyanusun
kıyıya vuran
dalgalarının sesini
duymak için
değil

içimi ezen bir ümitle
senin sesinin
en ufak
bir tınısını
duymak için

son
bir defa
daha.

– sesli bir mesajla ebedîleşti.

işte kanser

ilelebet
aldı benden

daha pek az tanıdığım
annemi.

– *11/03/10.*

cesedini bulan
ben oldum

(hiçbir yerde
bulunamıyordun)

ağzın
ardına kadar açıktı,

odadaki tüm oksijeni emmeye
yetecek kadar,

içine zambaklar ekmeye
yetecek kadar açık.

benim adımı
seslenebilirdin belki

yani adımı hâlâ
hatırlıyor olsaydın.

– *unutmak, unutmak, unutmak istiyorum.*

raporun,
3 kasımda
ve
sabahın
3.03'ünde
öldüğünü
iddia ediyor.
bu
bir yalan.
sen
bundan
çok daha uzun bir zaman
önce öldün.

– 3 artık uğurlu sayım değil.

derler ki
sevdiğiniz biri
öldüğünde
son nefesin
çıkması için
bir pencere
açmalısınız,
böylece
ruhları
serbest
kalabilir.

ama onun ruhu
hâlâ burada
benimle.

geceler, geceler,
geceler boyu
rüyalarımın
duvarlarını
yumrukluyor,
yalvarıyor bana,
ona
yolunu göstermem
için
çıkışın.

– öbür taraf.

cenazelerden birinde:

çok genç yaşta
çok erken kaybedilen
bir hayat için
elem gözyaşları,
bir felaket.

diğerinde:

fazlasıyla uzun süren
bir ıstırabın
sona ermesi karşısında
ferah gözyaşları,
bir merhamet.

– *ama ikisi de içimde dipsiz birer boşluk bıraktı.*

yılın
öbür
yarısını,
telefon
her çalışında
dehşete
kapılarak
geçirdim,
yeni bir cenaze haberiyse, diye.

– üç haber daha geldi.

bir bir gidiyor sevdiğim herkes.

kaç cenazeye
katılabilir
bir insan
daha
on dokuz yaşına
girmeden?

– *lanetli aile.*

ölümün
en sadık yoldaşım
olacağını
hiç
düşünmemiştim
ama
davet beklemeden
gelen
tek
dost
oydu.

– asla çekip gitmeyecek yegâne yoldaş.

keder;
rengi soluk,
fazla
bol,
eski
ve tenini
yakan,
emanet bir elbise gibi
duruyordu
üstünde.

ölüm;
tıpkı
kırmızı
bir
kurdele
misali,
kendini
onun
kemikleri
etrafına
dolamıştı.

bir görüntü:

gözlerinin altı
fazla uyumaktan
veya hiç uyumamaktan
morarmış
bir kız.

kucağında
sürekli uyuklayan
küskün bir kediyle
bir kız.

gözü
yığınlar halinde
bütün etrafını çeviren,
en sevdiği kitaplarını
dahi görmeyen
bir kız.

ağlayacak cesareti
bir türlü bulamayan
bir kız.

çünkü
sonunda
ağlarsa

bunlar sahiden olmuş demektir.

"ölmüş
anneler
günü"
diye
bir
şey
var mı?

annemin ölümünden
aylar sonra
buldum
onun son okuduğu kitabı;
sararmış bir makbuz
sokulmuştu
sayfaların arasına
–kaldığı yeri hâlâ gösteren–
ve sonunda
kafama
dank etti:

sen
bu kitabı
asla
bitiremeyecektin

asla
yeni bir kitaba başlayamayacak
ve onu
asla
bitiremeyecektin

benim kolejden mezuniyetimi
asla
göremeyecektin

hayatımın aşkıyla tanışma fırsatın
asla
olmayacaktı

düğünüme
asla
katılamayacak

ve bu kelimeleri
asla
okumayacaktın.

artık bir hiçbir zaman,
asla
ama
asla
arka verandada oturup
dumanı tüten kahvelerimizi içerken
asla
asla
asla
birbirimize
hikâyeler
anlatamayacaktık.

ve sana
çok uzun zamandır
gülmediğimi
çünkü
ne zaman
gülmeye kalksam
birilerinin
bana
tıpkı
senin gibi
güldüğümü
söylediğini
anlatma imkânım
olsaydı
ne diyeceğini
hayal etmeye
çalışıyorum.

fakat sanırım bunlar
tam da
içimde biriktirip
daha sonra
sana vermem gereken
türden şeyler.

– *iflah olmaz bir kelime koleksiyoncusu, II.*

hayatımın onca saati,
günü,
ayı,
tamamıyla

i ç i b o ş

bir ağaca
dönüşmemi
sağlamaya
harcandı.

şimdi
en ince köklerimin
ucuna kadar
dehşet içinde
fark ediyorum ki
bende
içi asla

d o l d u r u l a m a y a c a k

yerler var.

– bazen düşünüyorum da birisi ağacı toptan kesse ve yerine yenisini ekse daha iyi olacak.

annem
aklımı
meşgul etmeyi
hiç
bırakmayacak.

– *hayaletim.*

sevgilim
beni
incitmeyi
hiç
bırakmayacak.

– hayaletim, II.

boş ver gitsin
alın yazısı diye bir şey olduğu,
gizemli bir "büyük plan" bulunduğu,
ve bize
hakkından gelemeyeceğimiz hiçbir dert vermeyen
bir tanrının varlığı
gibi fikirleri.

acılar
beni
daha iyi bir insan yapmadı.
bana
hiçbir şeyi çantada keklik saymamayı
öğretmedi.
ve
birine âşık olmaya korkmaktan başka bir şey
vermedi.

ben,
arızalı bir insan olmak için
fazlasıyla gencim
ve zamanda geriye gidip
kendime, çocukluğumu geri verebilecek
olsaydım
bunu
yapardım.

– *anlamı neydi tüm bunların?*

belki
cennete
inanmakta
çok zorlanıyorum
çünkü
orada
şiirin
olup olmadığını
bilmiyorum.

– bir ölümlünün haklı kaygıları.

yüzümde
kocaman bir tebessüm
vardı,
tamir edemeyeceğim
şeylerle
aramdaki
köprüleri
yakarken.

– duman seni hâlâ öksürtüyor mu?

sonunda
kendimi bulmam için
onu kaybetmem
gerekti.
kendimden
emin olabilmem için
onu ikinci bir kez daha
kaybetmem
gerekti.
bu da
kendi kendimi
sevmek konusunda
benim ilk
eylemimdi.

– sana teşekkür ederdim ama ikimiz de biliyoruz ki sen bunu hak etmiyorsun.

günahkâr tutkularımın
ardındaki ilham
olmasa
ben
nasıl biri
olurdum?

– muhtemelen bir şair olmazdım.

senin
için
yas tutmak
ile
ölümünün
beni kurtardığını düşünmek
arasında
kaldım,
tereddüt içinde.

– acaba bir gün beni affedebilecek misin?

prenses
kuleden
atladı
ve
evvelden
beri
uçabildiğini
öğrendi.

– o kanatlara hiçbir zaman ihtiyacı yoktu.

III. kraliçe

evvel zaman içinde
ejderha sevgilileri tarafından
küle çevrilen prenses
kendi küllerinden
yeniden doğdu
ve
kendi kendisinin
kraliçesi olup
kendine
taç giydirdi.

– mutlu son olarak buna ne dersiniz?

zihin
gözümde seni,
mutfakta
kendi başına oturmuş
sigaranı tüttürüp kahveni
içiyorken ve burada bizimle
değil de başka yerlerde
olma hayali kurarken
görürüm
her
dem.

– istediğin gibi özgür müsün artık?

belki
başka bir yerde
tekrar buluşacağız,
bağışlama erdeminin
bir zamanlar
bahçende
yetiştirdiğin
domatesler gibi
ihtişamla serpildiği
bir yerde.

– gece yarılarını atlatmamı sağlayan kıpkızıl umutlar.

koskocaman
mutfak masasının etrafında
üç kuşağın
kadınları oturmuş

bazıları
birer kupa kahveye;
bazıları
birer fincan çaya
eğilmiş.

aramızdaki pek çok farka rağmen hepimiz
öyle katıla katıla gülüyoruz ki
bize ancak
dışarıdaki gök gürültüsü rakip olabilir.

annem ise artık
burada bizimle oturamaz,
onun mevcudiyetinin ağırlığını,
hepimizin hissedebildiğinden eminim

fakat bütün sandalyeler doluyken
ve onların dışındaki herkes
ayakta durmak zorundayken bile
bana hâlâ öyle geliyor ki
onun için daima boş bir yer olacak.

– senin enerjini yok etmek mümkün değil.

annem
öldüğünde
en
nihayet
tanıyabildim,
on
dokuz
yıllık
hayatımın
her
gününde
gördüğüm
babamı.

dedikleri
doğru,
ortak
kederin
ağırlığı
ya
sizi
birbirinize
yaklaştırır
ya da
sizi
birbirinizden
uzaklaştırır.

– sevmek için asla çok geç değildir.

yalanların ve
size
g
ü
v
e
n
duyabileceklerini
sanma hatasına düşen
insanların
bedenleri
üzerine
kurulmuş
bir tahtta
oturmayı
seçtiğinizde
sonuç hep
aynı kalır:
d
ü
ş
ü
ş

– *bahse girerim başta çok eğlenmişsindir.*

herkes
senin
ruj lekeli yalanlarına
inanmayı bıraktığında
ne
halt
edeceksin?

– dostların da kalbini kırabilir.

ah,
eminim
çok pişmansındır
beni
kendine
düşman
ettiğine.

– bir sırt, iki bıçak.

benden
ilelebet
nefret edebilirsin
eğer
istediğin
buysa

fakat dostlar,
dostlarının öyle
mahmur ejderhalara
dönüşmesine
izin
vermez

hele ki
pençe
izleri
benimkiler
kadar
tazeyken.

– başkalarını incitmek bir tercihtir.

merak ediyorum
acaba kaç kez
o kadına dokundun
ve sanki o benmişim
gibi yapmak
zorunda
kaldın?

– hâlâ içini sızlatıyor mu?

umarım
o kadına
bana karşı hiç davranmadığın kadar
iyi
davranırsın.

– bağışlasam da seni artık sana ait değilim.

lütfen
inan
bana
niyetimin
asla
intikam olmadığını
söylediğimde.

– *fakat intikam hâlâ baldan tatlı.*

sen iğne
getirdin, ben de dikiş
ipliği. yani seninle birlikte
kırık kalplerimizi onarmak
niyetindeydik ama bir
de ne görelim: biz
onları birbirine
dikmi
şiz.

o
benim bir bardak çayımsa
sen
benim bir fincan
kahvemdin.

bazen çay
benim
için
yeterli olamıyor
işte.

fakat
kahveyle
hemen her şeyin
üstesinden
gelebilirim.

– barıştık mı?

hiç kimse asla içeriye giremesin
diye
katman katman çalılıklar
ve
dikenli teller
sardı
çekip gitmeden önce
kalbimin çevresine.
ama sen
benim için
ellerini kanatmaya
çoktan
hazırdın.

– eline tek bir diken bile batmadı.

onun mahareti bu:
her bir
parçama
dokunmak için
bir kerecik bile
ellerini
kullanmak
zorunda
olmadı.

– *uzun yollar ötesinden bana dokunabilirdi.*

her nasılsa
benim ruhum
senin ruhunu
tanıyordu,
daha henüz
tanışma fırsatı bile
bulamadığımız
halde.

– *upuzun bir günün sonunda yuvaya dönmek gibiydi.*

diyebilirim ki
kalbimin anahtarı
senin elindeydi

ama senin
hiçbir zaman
ona
ihtiyacın olmadı.

– ta başından biliyordum: senin için kalbimi kilitlemeden bırakabilirdim.

I. bana,
"harika," diye sesleniyor.

II. en sevdiğim
kitapların hepsini
okuyor ve sonra
yenilerini
istiyor.

III. kahvemi
nasıl sevdiğimi
tam olarak biliyor.
("yumuşak ve tatlı,
tıpkı senin gibi," diye
takılırım ona hep.)

IV. her yeni günde
bana
"nasıl olduğumu"
soruyor
ve cevabımı duymayı
samimiyetle
bekliyor.

V. hepsinden önemlisi
yarın sabah
uyandığında
beni
sevmeye devam edeceğini
biliyorum.

– imkânsız olduğunu sandığım hâlde bana düşündürdüğün beş şey.

ona diyorum ki:

"ekim ayında
daima güzel günlerimiz olacak."

– diğer her şey solup gittiğinde bile.

beni bir kitap gibi açtı
ve
şiir mısralarını,
tekrar
içime
döktü.

– *şahsıma özel kâğıt ve kalemim.*

bir, "kızıl şeyler" listesi:

I. onun saçları.
II. dudaklarımız.
III. tırnaklarım.
IV. nefeslerimiz.
V. sayfalarım.

– *beklemeye değer.*

onun
parmak
uçlarının
gezindiği
her yerde
çiçekler
açıyor.

– *güneşim ve yağmurum.*

b
ö
y
l
e
:
sen ve ben
ekim ayında bir akşamüstü,
ısırgan ayaz havayı dolduruyor
burunlarımız kızarmaya başlamış
bol şekerli kahvelerimizi içerken
parmaklar birbirine sarılmış
unutmuşuz her şeyi
ve diğer herkesi
böyle, böyle,
böyle.

– 10/13/12

sevgilim nasıl mı?
o
kitaplardan bile
iyi.

– senin yanında romanlar solda sıfır.

alacakaranlık gökyüzünden aniden,
meteorlar

y
a
ğ
m
a
y
a

başlayabilir.

fakat o,
benim
kahkaha
attığımı
duyduğunda
gösterdiği
hayranlığın

yarısını
bile
göstermez.

– bana kendimi olağanüstü bir hadiseymişim gibi hissettiriyorsun.

dünyanın
ordularına
komuta
edebileceğimi

ve bir kraliçe olarak
hüküm
sürebileceğimi

ve okyanusları
yönetebileceğimi

ve nihayet
kışın karanlığını
yenebileceğimi

hissetmem için

senden
sadece
tek bir kelime
duymam
yeter.

– her şey için yeterince güçlüyüm.

zamanın
aynı evresinde
yaşamak üzere
doğduğumuza
öyle memnunum ki…

– *kadere inanmıyor olabilirim ama sana inanıyorum.*

senin
tembel tembel kahve içme ritüellerine
ihtiyacım var.

senin
o pek meşhur Fransız tostlarına
ihtiyacım var.

meyve topladığımız serin saatlere
ihtiyacım var.

ben (yine) kitapçı raflarını karıştırırken
senin ayak seslerinin peşimden gelmesine
ihtiyacım var.

giysilerini,
~~odamın~~ odamızın her yerine atmana
ihtiyacım var.

senin,
anlamını sadece benim bildiğim
tatlı bakışlarına ihtiyacım var.

senin,
sessizliği huzur dolu o gece yarısı
demlerine ihtiyacım var.

hepsine,
hepsine
ihtiyacım var.

– sen gerçek şiirsin sevgilim.

tebessümü kemiklerimin sızlamasına sebep oluyor.

– *keyifle bağrıma bastığım bir acı.*

senin ışıklı taraflarını
benim karanlık taraflarımla
gördüğümde
neden
zıt kişiliklerin
birbirini çektiği
söylenir,
anlamaya başlıyorum.

– *ışık ve gölge oyunu.*

kışın
kar taneleri

baharda
yağmur damlaları

yazın
çiçeklerin taç yaprakları

güz geldiğinde
ağaç yaprakları

toprağa ulaşır.

bütün bu şeyler
eninde sonunda düşer.

ama bir tanesi bile
her sabah uyandığımda

senin aşkına düşmem kadar
kadar fena çakılmazlar.

– *tüm klişeler adeta bizim için yazılmış.*

karanlığın,

ve en zifirî
kuytularımda
yaşayan

iblis
ejderinin,

alevler saça saça,
kükreye kükreye,
bir hışımla
içimden çıkıp
dışarıya fırladığı
ve

senin içindeki
bütün ışığı

söndürmeye kastettiği
tüm zamanlar için
çok üzgünüm.

– gitme lütfen.

onun bütün
sırtına
s a ç ı l m ı ş
takımyıldızlar,
kendimi
kaybettiğimi
anladığım
her seferinde
eve dönüş için
bana
rehberlik eden
haritadır.

– sen benim yuvamsın.

I. çok sevdiğim bir kitap.
II. serin ve kasvetli bir hava.
III. bir bardak kahve.
IV. sıcak tutan bir battaniye.
V. sen.

– kendimi özgür hissetmem için sadece bunlar yeter.

o
bana
kendimi
sevmeyi
nasıl
başarabileceğimi
öğretmedi
ama

oraya
varabilmemi
sağlayan
köprü de
oydu.

– senin için her gün evrene şükranlarımı sunuyorum.

beni
üzerine
isimlerimiz
kazınmış
köprüye
götürdü,
bir dizinin
üstüne
çöktü,
en sevdiğim
kitabı açtı,
kapağında
en sevdiği kitabı
elinde tutan
çok güzel bir prensesin
resmi olan kitap.

kitabın
içinde

minicik,
pırıl pırıl,
ametist taşından
bir umut
buldum.

– *ilelebet saklayacağım.*

onların hayatı
sona erdi diye
benim hayatımın da
sona ermesi
gerekmediğini
anlama
izni verdim
kendime,
bir adım attım
ve
kendi gökyüzüme
yeniden
güneşin resmini
yaptım.

– kendi hayatımı yaşamaya hakkım var.

"ingiliz edebiyatı diplomanla
ne yapacaksın?"

"~~insanların~~
~~kafataslarını~~
~~açıp~~
~~her beynin içinde~~
~~rengârek~~
~~bir bahçe~~
~~kurmayı~~
~~planlıyorum."~~

~~"karşılaştığım~~
~~herkes~~
~~için~~
~~kelimelerden~~
~~bir~~
~~kolye~~
~~öreceğim."~~

~~"hayatımda~~
~~bir kerecik de olsa~~
~~sonunda birinin~~
~~beni~~
~~duyduğundan~~
~~emin olmaya~~
~~çalışacağım."~~

"bilmiyorum."

– ve bilmemek hiç sorun değil.

roman:

gerçekliğin
içinde
artık
hiç
nefes
alamadığım
zaman
kafa üstü
daldığım
okyanus.

– gerçeklerden kaçan bir denizkızı, II.

on yıllar içinde kitaplar
öylesine onun bir parçası
haline
geldi ki

sayfaların mürekkebi
bir şekilde
damarlarına
sızarak

en sevdiği kelime ve tasvirleri
teninde açan
çiçeklere
döndürdü.

artık
kimsenin
şüphesi
kalmadı:

bu kız
bir
kitap
bağımlısı.

– *kapak sayfası.*

öldüğümde
tek bir dakikayı bile
benim için
yas tutmaya
harcama.
ben
gitmiş olabilirim
ama
bin bir hayatımın hepsini
geride
bırakacağım.

– kitapkurdu bir kız asla ölmez.

bütün bu
okyanuslar
ve gök adalar
sırf senin neslini
devam ettireyim diye
beni var etmek için
bir araya toplanmış
olamaz.

– şaşırtan gerçek 1.

hiç olmazsa tek bir öğün
yemek yiyebilmeyi
çok isterdim,
hissetmeden
utandığımı.

– iyileşme devam ediyor.

isterdim ki
bir aynaya bakabileyim
başımı derhâl
                                        başka tarafa
çevirmeden.

– *iyileşme devam ediyor, II.*

eğer
benim
bir kız evladım
olursa
ona
sevmesini
öğreteceğim
ilk şey
"hayır"
kelimesi
olacak
ve
bu kelimeyi
kullandığı için
suçluluk
duymasına
izin
vermeyeceğim.

–hayır demeyi öğren.

diyorlar ki
ağzımda
çiçekler açmasını
istiyorlarmış
sadece;

ben de
onların
gözlerine
ölü gibi
bakıp

yumuşacık
taç yaprakları
dudaklarımın
arasından
içeri tıkıyorum,

tam bir
kaçık gibi
çenemi
sıka sıka
çiğniyorum

ve
çiğnediğim yaprakları
ayaklarının
önüne
tükürüyorum.

– ben asla beklediğin gibi biri olmayacağım.

ben
kadifeden yumuşak çizgilerini
bileğinin hakkıyla kazanmış
bir
dişi kaplanım.

– *tenimdeki çatlak izlerine övgü.*

ben
kükremesini
bütün dünyanın işitmesinden
artık korkmayan
bir
dişi aslanım.

– *kendime övgü.*

umarım
bulabilirsin
kalbinin
derinlerinde,
sana
rağmen
dönüştüğüm
kadınla
gurur
duyacak
gücü.

– hâlâ tuz yerine şeker bekliyorum.

ve
ejderha
kızın yanına
geri döndü
(ejderhalar hep döner).

uzun zaman önce
geride bıraktığı
yaralı genç kızı
göreceğini
sanıyordu.

dehşete kapıldı,
karşısında
duran
kudretli kraliçeyi
görünce.

aslına bakılırsa
onun gibi ejderhaları
haklayacak güç
yalnızca
kraliçelerde.

ejderha cüret etti,
kraliçenin
kendi elleriyle
inşa ettiği
tahta oturmaya

ve kraliçeye
asla
kendi başına hükmedecek kadar
güçlü olamayacağını
söylemeye.

kraliçe
gözünü kırpmadan baktı
ejderhanın yüzüne
ve güldü
onun aptalca kelimelerine.

sonra
avuçlarının içinde
dans eden ateşi
saldı ejderhanın
üzerine.

– *şeker, baharat ve ateş.**

* Jamie K. Dickerman'ın, *Sugar, Spice, Fire and Ice* (*Şeker, Baharat, Ateş ve Buz* anlamında) adlı kitabına gönderme yapılıyor. (ç. n.)

başkalarının
sana
batırdığı
ucu
kanlı
dikenleri
yerlerinden
çıkaracağım
ve
layık
olduğun
tacı
bu
dikenlerle
nasıl
öreceğini
sana
öğreteceğim.

– sen benim bilebileceğimden daha güçlüsün.

IV. sen

kütüphaneni talan et.
eline geçireceğin
her şeyi oku
ve sonra
biraz daha
oku.

devam et,
kelimeleri bir araya topla
ve sonra onları
parlat
ta ki
avucunun içinde
yıldız gibi ışıldayana kadar.

kelimeleri
en iyi silahlarına dönüştür
düşmanlarını kesip
d
e
v
i
r
e
c
e
k
altın kabzalı bir kılıca mesela.

– bir nevi hayatta kalma planı.

şiir
bir evse eğer

alevlere
gark olmuş,

ben o eve
koşuyorum

her bir kelimeyi
kurtarmak için.

böylece
onları

sana
iletebilirim.

– *kelimeleri kurtarmalı, yakmamalı.*

ağaçların,
rüzgârların taşıyamayacağı
kelimeleri
vardır.
bu yüzden
onlara
hikâyelerini
biz yazmalıyız
ta ki
anlatacakları
başka bir şey
kalmayana kadar.

– *hikâyeyi yaz.*

hikâyeyi yaz.

ellerini daldır,
kendindeki
en kirli
parçalara.

çürüme ve kokuşmayı al
oradan ve onu
sağlığa ve yaşama
dönüştür.

onu sula
ve ona şarkı söyle,
ona
gün ışığını göster.

sızılarından güzel bir bahçe yetiştir
ve kendine
onunla nasıl
zenginleşebileceğini öğret.

kendi hikâyeni yaz.

– *bekleyip durduğun işaret.*

1. aşağıdaki boşluğu doldur:
   şiir ___________________.

– sen ne istersen o olur.

eğer
boylamak
istemiyorsan
başka birinin
şiirini,

belki de
bir değişiklik yapmalı
ve
insanlara
daha
iyi
davranmaya
başlamalısın.

– pişmanlık duymayan bir şair.

new york veya
new jersey'de
yaşıyorsan

birinin
bindiğiniz banliyö treninin önüne
kendini atması
âdeta
bir ayin gibidir.

akla ilk gelen daima,
"işe geç kalacağım"
düşüncesi olur.

"bu kadının
başka bir çıkış yolu kalmadığını hissetmesi
ne büyük bir trajedi"
diye düşünülmez
hiçbir zaman.

fakat öyledir.
ona,
kanının
en son
damlalarını
verdiğin
halde
dünyanın
senin için
durmaması
kahrolası bir
trajedidir.

– adını hiçbir şekilde öğrenemedim ama sen benim için önemliydin.

yolun
kaldırımla
birleştiği yere
yürüyorum.

bir adam
bana doğru yürüyor
ve
yalvarıyor:

yerin çamuru ve molozları içinde
onun aile fotoğrafını görürsem
kendisine haber vermemi
istiyor.

evinin
bir moloz yığınına
dönüşmüş olması
ve

giysilerinin her bir parçasını,
kitaplarının her birini,
eşyalarının hepsini
kaybetmesi
umurunda değil.

sadece
hatırlamasını sağlayacak
bir şey
arıyor.

– *sandy kasırgası.*

bütün
göklerde,
ellerdeki
masum
kanını
yıkamaya
yetecek
kadar
yağmur
suyu
yok.

– *hayat daima önemli olacak.*

sen
yıldızlardan
gönderilmişsin.

sevişinle,

arzulayışınla

ve
kendi
kanatlarını
fark
edişinle

tastamam,
olman
gerektiği
gibi.

hiç kimseye
bunu
senden
alıp
götürecek
kadar
güç
verilmemeli.

– *ışıltını hak ediyorsun.*

her
insanın

ihtiyaçlarının karşılandığı
bir dünyanın

"devrimci"

olacağı söylenmemeliydi
ama ne yazık ki

dünya
böyle.

– *tutuşmak.*

biz öyle bir nesiliz ki
bize
boş yere madalyalar verdiniz.

biz öyle bir nesiliz ki
bize
kasklar, dirseklikler, dizlikler giydirdiniz.

biz öyle bir nesiliz ki
bize,
sansürlenmiş CD'ler ve "Ebeveyn Denetimli"
filmler seyrettirdiniz.

biz öyle bir nesiliz ki
bizi yıllarca aşırı korumacılıkla büyütüp
sonra kurtların önüne attınız.

şimdi öyle bir durumdayız ki
sadece kahveyle
ve üç saatlik uykuyla yaşıyoruz.

biz öyle bir nesiliz ki
üniversite diplomalarımızla
asgari ücretli işlerde çalıyoruz.

biz öyle bir nesiliz ki
kıt kanaat geçinmeye yetecek kadar
para kazanıyoruz.

biz öyle bir nesiliz ki
bizi başarısız görmeyi hiç istemediniz
ama başarısız olmamızı siz garantilediniz.

– y kuşağı.

emily,
kendimi sık sık,
hâlâ oralarda bir yerlerde
mum ışığıyla
kendini bulmaya
çalışıp çalışmadığını
merak ederken
yakalıyorum.

sylvia da
orada,
her zamanki gibi
böbürlene
böbürlene
yol göstererek
senin
yanında mı?

virginia'nın
kendine
ait bir odası
var mı?

harriet nasıl?
ya anne,
ya harper?

bir kadının
huzura
kavuştuğu
hiç
olmuş mudur?

yoksa
yegâne
tüy kaplı ümidimiz,*
ölüm müdür?

– bir kutu kibritle orada olacağım.

* Amerikan şairi Emily Dickinson'ın, umudu bir nevi kuşa benzettiği "*Hope is the thing with feathers that perches in the soul" (Umut, ruhumuza tüneyen o tüylü şeydir*) diye başlayan şiirini çağrıştıran bir ifade. (ç. n.)

kalçaların,
derini çatlata çatlata
dolgunlaşacak.

bacakların
denizkızı kuyruğu gibi
birbirine yaklaşmaya çalışacak.

bacaklarında
yumuşak bir çim örtüsü
filizlenecek.

(ve tabii bacaklarının arasında,
üst dudağında,
koltuk altlarında da.)

hayır,
sırf onun arzulaması için
burada değilsin.

dünya
sen öyle söylediğinde
başlar ve biter.

– *bilmeni istemedikleri şey.*

asıl düşman
yiyecek
maddeleri
değil

– *toplumdur.*

eğer
bir aynaya bakıyor
ve kendine

yeterince iyi,
yeterince güzel,
yeterince ince,
yeterince kıvrımlı
olmadığını
söyleme arzusu
hissediyorsan

o zaman
bence
o aynayı
paramparça
etmenin
zamanı gelmiştir.

sence de
öyle değil mi?

– o parçalarla, kendini sevmeye çıkacak merdivene basamak yap.

gayet
eminim
ki
y ı l d ı z t o z u
dolanıyor
senin
o güzel
d a m a r l a r ı n d a.

– kadınlar bir nevi sihirdir.

I. insanlarla
karşılaşacaksın,
senin başarısızlığını
seyretmeye can atan.

II. pek çok kez
başarısız
olacaksın
(ne yazık ki).

III. fakat başarısızlıklar,
birtakım olaylar
kişiliğini belirlemek
zorunda değil, hiçbiri.

IV. yapacağın tek şey
o hataları almak
ve kendini büyütmenin
gıdası olarak kullanmak.

V. artık daima
ileriye doğru yürümelisin,
bırak diğerlerinin sesi
ne söylerse söylesin.

– hayat hâlâ yaşamaya değer.

yapraklar
değişerek
sararıp
solacak.
yapraklar
döne döne
yere
düşecek.
yapraklar
geri dönecek,
önceki hallerinden
çok daha güzel
ve sen de
öyle
döneceksin
sevgilim.
sen de
öyle…

– güz gerçekleri.

sırf
vücudun
bunu
yapmaya
uygun olduğu
için
çocuk doğurmak
zorunda
değilsin.

sen
çocuk doğurma
becerisinden
çok
çok
çok
daha ötesin.

sen
ağaran
günlerin
her
birinde
okyanuslar
doğurursun.

– dost canlısı komşun.

bir
denizkızı ol.

küçük bir çırpıntıyla
yetinmeyen
bir
denizkızı.

metcezir
oluşturana kadar
durmayan
bir
denizkızı ol.

tsunamisiyle
bütün dünyayı
harap etmeden
önce
durmasını bilen
bir
denizkızı.

– dünyanın sendeki şefkati alıp götürmesine izin verme.

bunu
hak edecek
bir
şeyi
kesinlikle
yapmadın
sen.

- tecavüzü haklı çıkaramazlar.

şu sözümü sen de söyle:
kimseye
karşı
herhangi bir
bağışlama
borcun yok.

– *belki sadece kendini bağışlamalısın.*

bazı kızların
diğer kızlara
karşı
hissettiği
aşk
fevkalade nazik,
fevkalade tatlı
ve
harikulade
güzeldir.
bu kızlar
öldürüldükleri
hikâyelerden
daha iyi
birer
hikâyeyi
hak eder
çünkü
bütün kalpleriyle
sınırsızca severler.

– *aşk asla zayıflık değildir.*

kadın olmak için
gerekli
yegâne şey
kendini
kadın
olarak
tanımlamaktır.

– *hikâyenin sonu.*

kendi
mutluluğun,

diğer herkesin mutluluğundan
önce gelir.

– öz saygının gerçek anlamı.

size
fiilen vurmamış
olmaları
şiddete
maruz kalmadığınız
anlamına gelmez.

gece
gökyüzüne
bakıp
yıldızlara,
hiç ışıldamadıklarını
söylemek
suç
olmaz mıydı
sence de?

bir şey diyeyim mi?
sen
ezelden
beri
var olmuş
ve var olacak
tüm yıldızlardan
daha parlak
ışıldıyorsun.

– *duygusal istismar da bir şiddet türüdür.*

haklısın

denedin
ve denedin
ve denedin
ve bir süre daha
denedin

fakat ne yaparsan yap
belki de
onların içinde
seni sevme
becerisi yok.

şimdi soruyorum:
onlar sevmezse ne olur yani?

– *ihtiyacın olan tek sevgi kendine karşı hissettiğindir.*

başka dünyadan
gelen
olağanüstü
bir yaratıkmışmışsın gibi
hissetmeni
sağlayacak
birini
hak ediyorsun.

– yani kendini.

sadece ve sadece
gerçeğin yarısını söyleyen

o delikanlılardan
kendini sakın

çünkü onlar sana
ancak

yarım bir aşk
besleyecektir.

– *öldür o ejderhaları.*

yanlış adım
atma:

ejderhalar
hep olacak.

onların bilmediği
şu ki

dudaklarının arasına
şıkıştırdığın bir parça kömür

ve parmaklarının arasında
bekleyen bir kibritle

sen
daima hazır olacaksın.

ikiniz arasındaki
en can alıcı fark işte bu:

onlar öldürmek için yakar,
sense hayatta kalmak için.

– bir daha asla seni hafife almasınlar.

birisi
seni
kurtarmayı
teklif ettiğinde
sen
                kendi kendini
                kurtarmayı
görev edin.

– sana güveniyorum.

son.

çok sevgili okur,
hikâyemin
sonuna
geldin.

bu zahmetli yolculukta
bana katıldığın
için
sana
teşekkür etmek
isterim.

lütfen şunu bil ki
burada okuduğun her kelimeyle
benim
n e f e s
almam
çok daha kolaylaşıyor.

– *amanda lovelace*

mutlu son
seni de bekliyor.

– sen de oraya ulaşacaksın.

teşekkür

I. *güneşime ve yağmuruma,* henüz yazmadığım zamanlarda bile bu şiirleri yazacağıma inandığı için.

II. *babama,* bir yazar olduğumu bilmese bile bunu yazdığım için benimle gurur duyacağını umuyorum.

III. *kurtarıcım olan kız kardeşime,* en zorlu zamanlarda bile benden vazgeçmediği için.

IV. *ailemin geri kalanına,* beni konfor alanımın dışına itmek zorunda kalsalar bile daima ileri gitmeye teşvik ettikleri için.

V. bunu okurken ağlayan *taslak okurlarıma (christine, mira, danika, shauna, rob, mason, lauren ve michaela)* – tutarsızlıklarımı bulup gramer hatalarımın pek çoğunu düzelttikleri için.

yazar hakkında

amanda lovelace bir kadın şair ve öykücüdür; yazdıkları bu zamana dek yerel kafelerde ve kendisine ait tumblr blogunda paylaşıldı. şu anda nişanlısıyla birlikte new jersey'de yaşıyor. ingiliz edebiyatı dalında ön lisans diplomasını 2014 yılında brookdale community college'dan aldı ve şimdi de kean üniversitesi'nde ingiliz edebiyatı ve sosyoloji dalında lisans diploması için çalışıyor. sonrasında ne yapacağını kimse bilmiyor; kendisi bile. şimdilerde onu eline geçirdiği her şeyi okurken, dersini dinlemesi gerektiği sırada yazı yazarken, yazmak hakkında düşünürken ama yazamazken, ölçüsüz miktarda kahve içerken ve kitapları hakkında günlük tutarken bulabilirsiniz. denizkızlarına karşı ciddi bir merakı var ve kedilerle ilgili her şeye bayılıyor. kendisini feminist ve sosyal adalet savunucusu olarak tanımlıyor. onu *ladybookmad* adıyla tumblr, twitter ve instagramda bulabilirsiniz.

amandalovelace.com
adresini de ziyaret edebilirsiniz.